CATALOGUE

DE BELLES

ESTAMPES

ANCIENNES & MODERNES

DE CÉLÈBRES GRAVEURS,

LA PLUPART ÉPREUVES AVANT LA LETTRE OU DE REMARQUE

Provenant du Cabinet de M. D*** Dreux

DONT LA VENTE AURA LIEU

HOTEL DES VENTES MOBILIÈRES

Rue Drouot, n° 5

SALLE N° 3, AU 1er

Les Lundi 15 et Mardi 16 Mars 1858, à une heure.

Par le ministère de Me **DELBERGUE-CORMONT**, Cre-Priseur
rue de Provence, 8,
Assisté de M. CLÉMENT, Marchand d'Estampes.

EXPOSITION PUBLIQUE

Le Dimanche 14 Mars, de 1 heure à 5 heures.

LE CATALOGUE RÉDIGÉ PAR M. DEFER,

SE DISTRIBUE *A PARIS :*

Chez Me Delbergue-Cormont, Commissaire Priseur, rue de Provence, n° 8.

M. Clément, Marchand d'Estampes, rue des Saints-Pères, n° 3.

1858

ORDRE DES VACATIONS

PREMIÈRE VACATION — *Lundi 15 Mars 1858,*

Nos 85 à 106.
207 — 227.
253 — 266.
1 — 84.

DEUXIÈME VACATION — *Mardi 16 Mars,*

Nos 107 à 131.
228 — 252.
267 — 287.
141 — 206.
132 — 140.

Cinq pour cent en sus des enchères.

M. Clément, Expert dirigeant la vente, se charge des commissions.

DÉSIGNATION

DES ESTAMPES

ALDEGREVER (Henri). *Bartsch*, vol. 8, p. 362.

1 — Les travaux d'Hercule, 1550. Suite de treize estampes. Très-belles épr.

AUDRAN (Gérard). Manuel de l'Amateur, par Ch. Le Blanc.

2 — Jésus donnant les clefs à saint Pierre. *R V in G Au. sc. c. p. r.* dans le bas de l'estampe. La marge est sans lettre.

3 — Saint Paul prêchant. Belle épr. avec une ligne de titre et l'adresse *N. Leroy, au faub. Saint-Marcel.* Ces deux estampes proviennent du cabinet de M. H. de la Salle.

AUGUSTIN VÉNITIEN. *Bartsch*, vol. 14.

4 — L'Apôtre et le Cordelier, 1517 (114).

5 — L'Arc triomphal de Constantin, à Rome (537). Très-belle épr., d'une conservation parfaite. Rare. *Collection de M. de la Salle.*

BEHAM (Hans Sebald). *Bartsch*, vol. 19, p. 112.

6 — Lucrèce se donnant la mort (79). Très-belle épr.

7 — Une femme demandant justice à l'empereur Trajan contre le meurtrier de son fils (82). Belle épr.

8 — L'Impossible, 1559, pièce emblématique (145). Belle épr. du premier état.

9 — La Mort se saisissant d'une femme nue et debout, 1546 (150). Très-belle épr. du *cabinet de M. H. de la Salle.*

10 — La Mort et les trois Sorcières (151). Très-belle épr.

11 — Les Noces de village (154 à 163). Suite de dix estampes numérotées 1 à 10. Très-belles épr; au nº 10 le chiffre du maître à rebours indiquant le premier état avant la retouche.

12 — Le Paysan et la Paysanne au marché (186-187). Deux pièces. Belles épr.

BERVIC (Charles-Clément).

13 — Laocoon, fils de Priam et prêtre d'Apollon, et ses deux enfants enveloppés par deux énormes serpents, d'après le groupe antique d'Agésandre, Polydore et Athénodore, trouvé en 1506 dans les ruines du palais de Titus, sur le mont Esquilin, à Rome. Cette belle estampe a été gravée pour le Musée fran-

çais. Belle épr. avant la lettre dite d'artiste; le nom de Bervic tracé à la pointe dans le milieu de la marge du bas. Cette épreuve vient du cabinet de M. Desnoyers.

BONASONE (Jules). *Bartsch*, vol. 15, p. 101.

14 — Bacchus couché sur un char traîné par des tigres, et accompagné de Satyres et de Bacchantes (90). Belle epr. *Collection Vandenzande.*

15 — Calypso s'efforçant de retenir Ulysse (171). Très-belle épr. imprimée en rouge d'un premier état inédit ; il est avant le prolongement du bouquet d'arbres, jusqu'au-dessus de la tête d'Ulysse. Ce beau morceau est l'un des plus rares de l'œuvre de la *collection de M. de la Salle.*

16 — Des hommes et des femmes se baignent ensemble dans une grande cuve (177). Superbe épr. avec marge, de la *collection de M. de la Salle.*

BRESCIANO (Prosper Scavezze dit). *Bartsch*, vol. 16, p. 106.

17 — Sixte-Quint représenté priant Dieu les mains jointes ; la tiare est à ses pieds, à la gauche de l'estampe. On lit au milieu d'en bas : *Sixtus, V. P. M. — Prosper de Scauezzi Brixiensis inventor*, 1589. Portrait d'un beau et grand caractère. Il est rare.

CALLOT (Jacques). Voyez le Catalogue de l'œuvre de Callot, par M. Meaume de Nancy, 2 vol. in-8, Paris, 1857-58.

18 — Le Sauveur, la sainte Vierge, les douze Apôtres et saint Paul. Suite de seize estampes. Belles épr. avant les numéros (104-119).

19 — La Tentation de saint Antoine (139). Très-belle épr. du troisième état avant un trait de burin dans le haut de l'estampe à gauche, entre les bras et l'aile du démon vomissant. Rare.

CLAUSSIN (Ignace-Joseph de), graveur amateur et auteur d'un Catalogue de Rembrandt.

20 — Le Bœuf près du tronc d'arbre. Copie de l'estampe nº 4 de la suite attribuée à Paul Potter.

DESNOYERS (Auguste Boucher, baron).

21 — La Vierge à la Chaise. Épr. avant la lettre d'une des plus gracieuses estampes de Desnoyers, qui en a fait le dessin d'après le tableau de Raphaël, qui est à la galerie de Florence. Épr. avant la lettre.

22 — La Vierge au Poisson. Tableau de Raphaël peint en 1513, pour l'église *San-Domenico Maggiore* de Naples, et acquis depuis par Philippe IV. Dessiné en 1815 et gravé en 1822. Épr. avant la lettre.

23 — La Visitation. D'après le tableau de Raphaël peint sur bois et placé, avant l'année 1681, dans la sacristie de l'Escurial. Dessiné et gravé en 1815. Epr. avant la lettre signée *R. D.*

24 — La Vierge au berceau. Dessiné et gravé d'après le tableau de Raphaël au Musée du Louvre. Épr. avant la lettre, papier de Chine, signée *Baron Desnoyers*, avec grande marge.

25 — La Vierge aux Rochers, d'après Léonard de Vinci. Épr. avant la lettre.

26 — Sainte Catherine d'Alexandrie, d'après Raphaël. Épr. avant la lettre sur papier de Chine, signée.

27 — Les trois vertus théologales, la Foi, l'Espérance et la Charité. Gravé d'après les peintures de Raphaël en grisailles, qui étaient à Pérouse. Trois estampes, épr. avant la lettre, signées *Desnoyers*. Vierges de marges.

DIETRICH ou **DIETRICY** (Christian W. Ernest).

28 — Portrait d'homme à barbe, le corps tourné à droite, la tête vers la gauche et coiffée d'une calotte. Il tient un livre de la main gauche, sur lequel on lit : *Dietrich*, 1732. Pièce à l'eau-forte, gravée parfaitement dans le goût de Rembrandt. Cette jolie pièce est très-rare.

DREVET (Pierre).

29 — Louis le Grand, debout, en manteau royal. Gravé en 1712 d'après le tableau de H. Rigaud au Musée du Louvre. Belle et rare épreuve avant les contre-tailles sur la colonne, avant le mollet rélargi et avant la boucle de cheveux supprimée.

DREVET fils (Pierre Imbert).

30 — Bossuet, évêque de Meaux. Chef-d'œuvre de gravure exécuté par Drevet fils, à l'âge de vingt-six ans, d'après le tableau de H. Rigaud au Musée du Louvre. Très-belle épr. avant les contre-tailles sur le fauteuil, dite ainsi *au Fauteuil blanc*, et avec les deux fautes dans le titre.

31 — Jérôme de Cisternay du Fay, d'après Rigaud. Petit chef-d'œuvre de gravure. Belle et rare épr. avant la lettre.

DUPONT (M. Pierre-Louis **HENRIQUEL**).

32 — Entrée de Henri IV dans Paris, d'après Gérard; pièce gravée pour la *Henriade* de Didot. Épr. d'artiste avant toute lettre.

DURER (Albert). *Bartsch*, vol. 7, p. 1.

33 — L'Enfant prodigue gardant les pourceaux (28). Belle épr.

34 — La Vierge avec l'Enfant Jésus emmailloté (38) Belle épr.

35 — Saint Sébastien attaché à un arbre (55). Belle épr.

36 — Saint Sébastien attaché à une colonne (56).

37 — Le petit courier (80). Belle épr.

38 — Le Cavalier et la Dame dans une campagne (94). Superbe épr. d'une pièce curieuse pour les costumes, et estimée; elle a été copiée par *Israël de Mecken*, *Wenceslas d'Olmutz*, et par le maître au monogramme, nº 153 de *Bartsch*.

DYCK (Antoine Van).

Portraits de peintres, gravés à l'eau-forte par ce maître.

40 — Pierre Breugel. Épr. tirée avant le fond terminé et avec les lettres de G H (Gillis Hendrick). Rare.

41 — Le même portrait. Épr. avec le fond plus travaillé et sans les lettres G H.

42 — Pierre Breughel. Épreuve avec les lettres G H.

43 — Paulus de Vos. Terminé par S. A. Bolswert.

44 — Guillaume de Vos, peintre d'Anvers. Terminé par Bolswert.

45 — François Franck. Épr. avec le mot Vranck et avec les lettres G H. Rare.

46 — Le même portrait avec la faute corrigée et les lettres G H enlevées.

47 — Adam Van Noort. Épr. sur papier à la folie.

48 — François Snyders. Terminé par Jacques de Neffs.

49 — Paulus Dupont ou Pontius, graveur. Très-belle épr. avec la signature de *Mariette*, 1668.

50 — Antoine Triest, évêque de Gand. Planche terminée par Pierre de Jode.

51 — Jean de Wael. Épr. avec les lettres G H.

52 — Le même, les lettres G H supprimées.

Portraits gravés d'après Ant. Van Dyck.

GRAVEURS ANONYMES.

53 — Maria Rutten, femme de Van Dyck. Très-belle épr. avec l'adresse de F. *Van den Wyngaerde*.

54 — Thomas Willeboirts Bosschaerts Pictor. *Martinus Van Eden excudit.* Belle épr. d'un portrait très-rare.

56 — Jean Malderus, évêque d'Anvers, gravé à l'eau forte. Épr. avant la lettre.

Ce portrait, qui est rare, est indiqué à l'œuvre de Van Dyck, dans le Catalogue de la vente Alibert, avec la lettre et avec le monogramme formé des lettres A. B.

BOLSVERT (Schelte à).

57 — Jean-Baptiste Barbé, graveur d'Anvers.

58 — Adrien Brouver, peintre d'Anvers.

59 — André Van Ertvelt, peintre.

60 — Sébastien Vranck. Belle épr. avec le mot *Franck* écrit *Vranck*, et avec les lettres G H.

61 — Juste Lipse, historiographe.

62 — Martin Pepyn. peintre d'Anvers. Belle épr. avec marge.

63 — Marguerite, princesse de Lorraine, duchesse d'Orléans. Belle épr. avec marge.

64 — Le même portrait.

CLOUET (Pierre).

65 — Théodore Rogiers, d'Anvers.

66 — D'Anna Wake.

DELPHINS (Wilhelm Jac.).

67 — Michel Mirevelt, peintre. Belle épr. avec les lettres G H.

GALLE le jeune (Corneille).

68 — Henriette de Lorraine, princesse de Phalseburg. Belle épr. avec l'adresse *Jean Meysens excudit.*

IODE le jeune (Pierre de).

69 — Pierre de Jode le jeune, graveur. Belle épr. avec grande marge.

70 — Jeanne de Blois. Belle épr. *Gillis Hendricx excudit.*

71 — Diodore Tuldenus. Professeur à l'Académie de Louvain.

72 — Le même portrait. Belle épr. privée de sa marge.

73 — Jacques Jordaens, peintre. Très-belle épr. sur papier à la folie avec grande marge. Rare.

74 — Adam de Coster, peintre. Belle épr. avec grande marge.

75 — Henri Liberti, organiste de la cathédrale d'Anvers, par P. Jode le vieux. Grande marge.

76 — André Colyns de Nole sculpteur. Très-belle épr. avec l'adresse de *Martin Van Eden.*

77 — Le même portrait. Belle épr. avec grande marge.

78 — Corneille Poelembourg. Belle épr. avant le nom du graveur, avant les qualités du personnage et avec l'adresse de *Martin van Eden.*

79 — Le même portrait avec le nom du graveur et l'adresse de M. V. E. effacée. Grande marge.

80 — Erycius Puteanus, historiographe. Très-belle épr. avec grande marge.

81 — Albert dux Fritland. Com. Wallest, etc.

82 — Geneviève d'Urfé. Belle épr. avec l'adresse de *Mart. van den Eden.*

LOMBART (Pierre).

83 — Suite de douze portraits, dite des Comtes et Comtesses.

Ce sont . Anne de Bedford, Anne Sophie de Carnavon, Lucia de Carlisle, Marguerite de Carlisle, Élisabeth de Caslehaven, Élisabeth Devon, Pénélope Herbert, Rachel Midlesex, Anna de Morton, Dorothée de Sunderland, Henri d'Arundel et Philippe de Pembroke. Ces deux derniers portraits manquent à la suite.

— Un double de la comtesse de Carnavon. Épr. privée de sa marge.

NEEFFS (Jacobus).

84 — Antoine de Tassis, chanoine d'Anvers.

— Martin Richart, peintre.

PAULUS PONTIUS.

85 — Son portrait. Belle épr.

86 — Marie, princesse d'Aremberg, 1645. Belle épr. avec l'adresse de *Jean Meyssens excudit.*

87 — Don Alvar Bazan, marquis de Santa-Crux. Belle épr. sur papier à la folie, avec grande marge.

88 — Jacob de Breuck, architecte. Belle épr. avec grande marge.

89 — François-Thomas de Savoie, prince de Carignan. Deux épr., une avec les lettres G. H.

90 — Gaspard de Crayer, peintre d'Anvers. Belle épr. sur papier à la folie.

91 — Simon de Vos, peintre d'Anvers. Belle épr. avec les lettres G. H.

92 — Le même portrait, les lettres G. H. enlevées. Belle épr. avec marge.

93 — Balthazar Gerbier. A° 1631. P. S. *Excudit.*

94 — Don Diego-Philippus de Gusman. Belle épr. avec marge.

95 — Gustave-Adolphe, roi de Suède. Belle épr. avec marge.

96 — Gérard Honthorst, peintre de la Haye. Belle épr. avec marge.

97 — Albert Mirœus, de Bruxelles. Belle épr. avec marge.

98 — Daniel Mytens, peintre. Belle épr. avant le nom du graveur, avec le nom d'Isaac a la place de celui de Daniel, et avec l'adresse de *Mart. van den Eden excudit.* Rare.

99 — Le même portrait, le nom de Daniel, le nom du graveur et l'adresse de *Mart. van Eden* effacée. Belle épr. avec marge.

100 — Jean, comte de Nassau, belle épr. avec marge.

101 — Le même portrait.

102 — Palamède, peintre hollandais. Belle épr. avec marge.

103 — Jean van Ravesteyn, peintre.

104 — Nicolas Rockox, antiquaire, ami de Rubens, mort en 1640.

105 — Théodore Rombouts, peintre. Belle épr. avec marge.

106 — Rubens, peintre d'Anvers.

107 — César Alexandre Saglia, abbé. Belle épr. avec les lettres G. H.

108 — Daniel Seghers, de la Société de Jésus, peintre. Joannes Livyus pinxit. *Martin van Eden.*

109 — Gérard Segers, peintre d'Anvers. Belle épr. sur papier à la folie, avec grande marge.

110 — Adrien Stalbent, peintre de paysage, d'Anvers. Belle épr. avec grande marge.

111 — Henri Steenwyck, peintre-architecte. Belle épr. avec grande marge.

112 — Théodore Vanloo, peintre. Belle épr. avec grande marge.

113 — Jean Wildens, peintre. Belle épr. sur papier à la folie, grande marge.

STOCK (André).

114 — Pierre Snayers, peintre, de Bruxelles. Belle épr.

115 — Le même portrait, avec grande marge.

VISSCHER (Corneille).

116 — Hélène-Léonora de Sievri. *E. Cooper excudit.*

VOERST (Robert Van).

117 — Philippe, comte de Pembroke. Belle épr. avec marge.

118 — Christian, duc de Brunswick et de Lunebourg. Belle épr. avec marge.

119 — Kenelmus Digbi eques. Belle épr. avec marge.

VORSTERMAN (Lucas).

120 — Jacques Callot, graveur. Belle épr. avec grande marge.

121 — Le même portrait.

122 — Jacobus Cachopin, amateur de beaux-arts à Anvers. Très-belle épr. avant le nom du graveur, la qualité du personnage, et avec l'adresse de *Mârt. van den Eden.*

123 — Le même portrait.

124 — Wenceslas Coeberger, directeur du Mont-de-Piété de Bruxelles. Belle épr. avec marge.

125 — Corneille de Vos, peintre. Très-belle épr. sur papier à la folie, avec grande marge.

126 — Isabelle-Claire-Eugénie, infante d'Espagne.

127 — Jean Livens, peintre.

128 — Carolus Mallery, graveur d'Anvers.

129 — Jean van Mildert, statuaire d'Anvers. Belle épr. avec marge.

130 — Le même portrait.

131 — François de Montcada, marquis d'Aytone. Très-belle épr. avant l'année, après le nom de Worsterman.

132 — Jean, comte de Nassau. Belle épr.

133 — Corneille Sachtleven, peintre.

134 — Corneille Schut, peintre. Très-belle épr., grande marge.

135 — Le même portrait.

136 — Gérard Seghers, peintre d'Anvers. Belle épr. avec l'adresse de *Mart. van Eden exc.*

137 — Lucas van Uden, peintre d'Anvers.

138 — Pierre de Jode, graveur d'Anvers.

139 — Wilhelmus Wolfangus, comte palatin du Rhin.

WAUMANS (Conrad).

140 — Frédéric-Henri, prince d'Orange et comte de Nassau. Belle épr. avec l'adresse de *Jean Meyssens.*

ÉCOLE DE FONTAINEBLEAU.

141 — Vulcain et les Cyclopes forgeant des flèches pour les Amours (71). Pièce gravée dans le goût de Ferdinand.

ÉDELINCK (Gérard). 2e vol. du Peintre-Graveur français, p. 169.

142 — Philippe de Champaigne, peintre du roi, 1668. *Se ipse pinxit. G. Edelinck sculpsit* 1676. Belle épreuve du premier état (164).

143 — Nicolas Vérien, graveur de devises et cachet, 1685, d'après Jouvenay. Très-belle épr. d'un charmant petit portrait, avant les noms du peintre et du graveur.

ÉNÉE VICO. *Bartsch*, vol. 15, p. 273.

144 — La Vierge assise sur des nues, ayant auprès d'elle l'Enfant Jésus qu'elle soutient des deux mains. D'après Raphaël (4), 1542. Belle épr. du premier état. Rare. *Collect. de M. H. de la Salle.*

145 — Joseph d'Arimathie soutenant le corps mort de Jésus Christ, à l'entrée du Sépulcre, près de la sainte Vierge et des saintes femmes, d'après Raphaël (7), 1543. Très belle pièce, superbe épreuve du premier état. *Collect. de M. H. de la Salle.*

146 — Jean de Médicis en buste dans un ovale historié aux armes, et Mars et la Victoire debout de chaque côté (254). Belle pièce du maître.

ENGLEART (F.).

147 — *Duncan Gray*, d'après D. Wilkie.

FORSTER (M. François).

148 — Sainte Famille. Gravé d'après Léonard de Vinci. Estampe dite *la Vierge au bas-relief*. Première épreuve avant toute lettre ; seulement les mots : *Léonard de Vinci pinxit, F. Forster sculpsit* 1835, *tracé à la pointe*. Elle est sur papier de Chine, avec grande marge et signée de *M. Forster* (1).

---

(1) Une pareille épreuve à celle que nous décrivons de cette belle estampe, a été vendue 567 fr. en 1845, à la vente du cabinet Debois, nº 337 de notre Catalogue.

FIQUET (Étienne).

149 — De la Mothe Fénelon, d'après Vivien. Belle épr.

149 bis — La Mothe Levayez, d'après Nanteuil. Très-belle épreuve avant les noms d'auteurs.

150 — Saurain, sixième libraire de ce nom, de père en fils depuis 1518. Rare.

150 bis — Hyacinthe Rigaud, peintre, d'après ce maître. Belle épr. avant l'adresse d'Odieuvre, avec marge.

FREY (Jacques).

151 — Homme à mi-corps vu de face, coiffé d'un chapeau à large bord. Gravé d'après Rembrandt. Belle épr. avant la lettre. *Collect. Vanden Zande.*

152 — Portrait de Rembrandt. Il est dirigé à droite, tenant de la main gauche une palette et de la droite un appuie-main. Épr. avant la lettre. *Collec. Van den Zande.*

152 bis — Ermite lisant, d'après Gérard Dow. Épr. avant la lettre. *Collect. Van den Zande.*

GELLÉE dit **LE LORRAIN** (Claude). Peintre-Graveur français. 1er vol. p. 3.

153 — Le naufrage (7). Belle épr.

154 — Le dessinateur (9). Très-belle épr.

155 — La danse sous les arbres (10). Belle épr. avant que les montagnes du fond n'aient disparu.

156 — L'enlèvement d'Europe (22). Rare et superbe épreuve du premier état, avec les angles du haut et celui du bas de la droite du cuivre aigus; elle a de la marge. *Cabinets Saint et de Van den Zande.*

157 — Le passage du gué (3). Belle épr. du premier état, rare, avec belle marge.

158 — Le départ pour les champs (16). Superbe épr. du deuxième état, les angles aigus. Rare.

158 bis — Le Temps, Apollon et les Saisons, **1662** (20). Belle épr. du 2e état.

GIRARDET (Abraham).

159 — Triomphe de Trajan, d'après Jules Romain. Épr. avant la lettre *dite* d'artiste. *Collect. Van den Zande.*

160 — Deux épreuves d'essais de la même estampe à divers degrés d'avancement

GOLE (Jean).

161 — Portrait d'un savant. Il est en pied dans sa bibliothèque, vêtu d'une robe de chambre, et tenant une lettre à la main. Pièce gravée en manière noire. On lit au coin à droite : *Mazot cum Prinil.*

GOLTZIUS (Henri). *Bartsch,* vol. 5. p. 1.

162 — La Vierge pleurant sur le corps mort de Jésus-Christ. Ao **96** (41). Cette jolie pièce, l'une des

plus recherchées du maître, est parfaitement gravée dans le goût d'Albert Durer. Superbe épr.

163 — Jean Boll, peintre de Malines. 1599 (161). Belle épr.

164 — Pierre Forestus, docteur en médecine, à l'age de 64 ans, en 1586 (169). Très-belle épr. signée de *Mariette*, 1682.

HACKAERT (Jean). *Bartsch*, vol 4, p. 285.

165 — L'arbre incliné (5). Belle épr.

166 — Le rocher baigné par la rivière (6). Belle épr. *Collect. Van den Zande.*

HOLLAR (Wenceslas).

167 — Charles Ier, roi d'Angleterre. D'après *Ant. Van Dyck. W. Hollar fecit*, 1649. Joli portrait. Il est rare.

LÉONARD GAUTIER.

168 — Le jugement dernier, d'après Michel-Ange. Épr. tirée avant l'adresse de *Pierre Mariette.*

LEU (Thomas de).

169 — Marie de Médicis, reine de France et de Navarre. Belle et rare épr.

On lit au bas les quatre vers suivants :

Pour bien heurer les iours de mon unique prince
D'un eternel repos, au vœu de ses Francois.
Ie suis venue en France, et quitté ma prouince.
Pour heureuse enfanter une suitte de roys.

170 — Pierre d'Arles. *Thomas de Len sculpsit.* Belle épr.

LIGNON (Frédéric).

171 — Portrait de N. Poussin (tableau du Musée du Louvre). Superbe épr. avant toute lettre sur papier de Chine.

LONGHI (Joseph).

172 — Le mariage de la Vierge, gravé en 1820, d'après le tableau peint par Raphaël en 1504, qui est dans la galerie de Breza, à Milan. Sujet appelé en Italie *un Sposalizio.* Très-belle épr. avant la lettre.

173 — La vision d'Ezéchiel, d'après le tableau de Raphaël à la galerie de Florence. Épr. avant toute lettre dite *d'artiste.* Les mots *Raphaël d'ur. pinxit. J. Longhi se,* tracés à la pointe. Vierge de marge. Rare.

LYVENS (Jean). *Bartsch,* vol. 2 de l'œuvre de Rembrandt.

174 — Ephraim Bonus, médecin hébreu (56). Épr. sans aucune adresse. État non décrit par Bartsch ni par Claussin.

MAITRE AU DÉ. *Bartsch,* vol. 15.

175 — Apollon et Marsyas, d'après Raphaël (31). Très-belle épreuve du 1er état. *Collect. de M. de la Salle.*

176 — Psyché reçoit un ordre de Vénus, d'après Raphaël (71). Très-belle épr. d'une parfaite conservation avec de belles marges sur trois côtés. Très-rare. *Collection de M. de la Salle.*

MAITRE AU MONOGRAMME, lettres **J. G.** accolées. *Bartsch*, vol. 9; Peintre-Graveur français, vol. 7.

177 — Le lion, le dragon et le renard (23 R. D.). Bartsch n'a pas décrit cette pièce. Elle est rare.

MANCEAU (Alexis).

178 — Danse du Bison des Indiens mandans devant la loge de médecine. *A nich toutta Horngkvuche.*

MANTUAN (George Ghisi dit). *Bartsch*, vol. 15, pag. 384.

179 — Cupidon couché sur un lit, près de Psyché, couronnée comme lui par une des Heures, qui est debout sur le lit, à gauche de l'estampe. D'après Jules Romain. **1574.** Très-belle épr. d'un 1er état non décrit avant la draperie sur la cuisse de Psyché, et avant l'adresse de *F. Van Aelst. Collect. Van den Zande.*

180 — Vénus embrassant Adonis au retour de la chasse, d'après Théodore Ghisi (42). Belle épr. avant l'adresse de *N. Van Aelts. Collection de Van den Zande.*

181 — Le jugement de Pàris, d'après Bertano. 1555 (60). Pièce capitale du maître.

MARC DE BYE. *Bartsch,* vol. 1, p. 73.

182 — Un bœuf vu de profil et dirigé à droite, gravé à l'eau-forte, par Marc de Bye et sur son dessin (97). Belle épr. avec barbe de la planche. Très-rare.

MASSON (Antoine). Peintre-Graveur français, 2e vol. p. 98.

183 — Marin Cureau de la chambre, médecin ordinaire du roi, d'après Mignard (24). Belle épr. du 1er état.

184 — Le même portrait. Même état.

MASSARD (Jean).

185 — Charles Ier et sa famille, d'après le tableau qui était dans la galerie d'Orléans. Belle épr.

MASQUELIER.

186 — Jesus-Christ porté au tombeau par ses disciples, d'après le tableau de Raphaël, de la villa Borghèse. Toute première épreuve avant la lettre et où le mot *et* des mots : dessiné *et* gravé, est écrit *te*. Cette faute a été de suite corrigée à peine le tirage avant la lettre commencé.

MASSON (Antoine). Peintre-G aveur français, 2e vol.

187 — Portrait de Brisacier, secrétaire du commandement de la reine. Belle épr. du 1e état, avec un G à la place du C, du mot secrétaire, et le mot Brisacier écrit Brisasier. Très-rare.

MELLAN (Claude).

187 bis. — Nicolas-Claude-Fabricius de Peiresc, sénateur. Belle épr. signée de *P. Mariette*, 1653.

MERCURY (M. P.).

188 — Moissonneurs sur les Marais Pontins. Au coin, sur une pierre à gauche, on lit : Léopold Robert. Rome. 1830. Dans la marge à droite. *H. Mercury dis. e. inc. in Parigi*, 1831, et au milieu du bas, *imprimé par Chardon aîné.* Belle épr. avant la lettre, signée *Mercury.* Rare.

189 — Sainte Amélie, gravée d'après le tableau de Paul Delaroche, par M. Mercury. Rarissime épreuve avant toute lettre, peut-être unique. On y lit au crayon les noms du peintre et du graveur; sous le trait carré de l'estampe et dans la marge une dédicace signée Mercury.

MONTAUT (G. de).

190 — La muse du souvenir, d'après Vidal. Épr. sur papier de Chine.

MORGHEN (Raphaël).

191 — François de Moncade, marquis d'Aytonne, d'après le tableau de Van Dyck au musée du Louvre. Épr. avant la letttre d'une des plus belles estampes de Morghen. Elle est rare.

192 — Léon X, pape. *Raph. Morghen sculp.* 1815. Belle épr., le titre Léon X tracé.

MORIN (Jean). Peintre-Graveur français, 3e vol., p. 32.

193 — Christophe de Thou, premier président. 1592 (78). Belle épr. d'un beau portrait.

193 bis — Antoine Vitré, excellent imprimeur, à l'âge de 60 ans (88). Belle épr. d'un portrait, l'un des plus beaux du maître.

NANTEUIL (Robert). Peintre-Graveur, vol. 4.

194 — Jeannin (Pierre), surintendant des finances (112). Belle épr.

195 — Jean Loret de Carentan, poëte normand (150). Très-belle épr. avant la virgule après le mot Loret, avec grande marge.

196 — Regnauldin, procureur général au grand conseil (216). Très-belle épr. avec marge du 1er état. Rare.

197 — Jean-Baptiate Van Steenberghen, conseiller du roi au conseil de Flandre. Morceau connu sous le nom de *l'avocat de Hollande* (226). Belle épr. du 1er état. Rare.

MULLER (Frédéric).

198 — *La madona di S. Sisto di Rafaele*, gravé sur le dessin fait par Mme Seidelman, d'après le tableau de la galerie de Dresde Très-belle épr. avant la retouche.

199 — Saint Jean l'évangéliste, gravé d'après le Dominiquin. Belle épr. avec l'année 1808.

PENCZ (George). *Bartsch*, vol. 9, p. 319.

200 — Jésus-Christ entouré de petits enfants (56). Belle épr.

201 — Le mauvais riche meurt comme il a vécu (66). Belle épr.

202 — Virginius tuant sa fille en présence du décemvir Appius Claudius (84). Belle épr.

PIETRI (Pierre-Antoine).

203 — Le Purgatoire (2). Belle estampe bien terminée et d'un effet piquant. On lit seulement dans une place blanche au coin à droite du bas de l'estampe : *Petrus di Petri inuen et sculp.* Superbe épr (1).

POPELS (J.), peintre-graveur à l'eau-forte, né à Tournay vers 1630.

204 — Jacobus Stopius, marchand d'estampes et amateur à Anvers. Morceau sans nom de graveur. Rare.

PRUD'HON (D'après).

205 — Racine, son génie et Melpomène le mènent à l'immortalité. Frontispice du Racine de Di-

(1) Bartsch indique l'inscription suivante : *Gioseppe Marini fecc Faze per sua devotione, e Déd. a Dio. Pietro A. de Pietri inue. et sculp. A., 1694, con sic. de sup.*

dot, gravé par Marais. Très-belle épr. avant la lettre. Rare.

RAIMBACK (Abraham).

206 — *The rent day* (le jour des Rentes); *Village politicians* (politiques de village). Deux estampes, d'après David Vilkie. Épr. avant la lettre et sur papier de Chine.

REMBRANDT.

207 — Portrait de Rembrandt au bonnet rond, 1631. (16).

208 — Portrait de Rembrandt avec l'écharpe autour du cou, 1633 (17).

209 — Portrait de Rembrandt au bonnet fourré et habit blanc, 1633 (24).

210 — Portrait de Rembrandt à cheveux courts et frisés (26).

211 — Adam et Eve, 1638 (38). Belle épr. du 1er état.

212 — Abraham caressant Isaac (33).

213 — Joseph et Putiphar, 1634 (39).

214 — Circoncision de Jésus (48).

215 — Sainte Famille (63).

216 — Jésus au milieu des docteurs (64).

217 — Jésus disputant avec les docteurs, 1652 (65).

218 — Jésus prêchant au peuple. Estampe connue sous le nom de la *petite tombe* (67). Belle épreuve

où la manche de l'homme, qui est à gauche, coiffé d'un turban, est poussée au noir, et n'a pas été ébarbée. Rare.

219 — Le denier de César (68).

220 — Descente de croix. 1654 (83). Très-belle épr. tirée avec les barbes de la planche à la pointe sèche.

221 — Les disciples d'Emaüs, 1634 (87).

222 — Le bon Samaritain, 1633 (90). Belle épr. du 3e etat. Un coin est refait.

223 — Le martyre de saint Etienne, 1655 (97). Très-belle épr. du *Cabinet Poggi*.

224 — Le baptème de l'eunuque de la reine Candace, 1641 (98). Belle épr.

225 — La mort de la Vierge, 1639 (99).

226 — Saint Jérôme. 1654 (190). Très-belle épr. d'une jolie pièce.

227 — La fortune contraire, 1633 (111). Cette estampe fait partie du livre l'Eloge de la marine, par Herckmans. Elle est rare.

228 — Chasse aux lions (115).

229 — Trois figures orientales. 1641 (110).

230 — Les musiciens ambulants (119). Belle épr. avant les tailles sur la poitrine de l'enfant (119).

231 — Le paysan avec femme et enfant (131).

232 — Juif à grand bonnet, 1639 (133).

233 — Le joueur de cartes (136).

234 — Homme à cheval (139).

235 — Paysan et paysanne marchant (144).

236 — Gueux assis au bas du mur (173).

236 bis Mendiants à la porte d'une maison, 1648 (176).

237 — Le vieillard endormi (189). Joli petit morceau d'une rareté extrême. Très-belle épr.

238 — Femme nue dormant (204). Morceau rare.

239 — Négresse couchée, 1658 (205).

240 — Homme sous une treille, 1642 (257). Morceau rare.

241 — Vieillard portant la main à son bonnet (259). Première épr.

242 — Homme à barbe courte et bonnet fouré, 1631 (263). Très-belle épr. d'un joli portrait.

243 — Jean Antonides Van der Linden (264).

244 — Wtenbogardus, ministre de Hollande, 1635. Belle épr. d'un beau portrait.

245 — Seconde tête orientale (287).

246 — Vieillard chauve à courte barbe (306).

247 — Homme avec trois crocs (319). Plus une copie en contre-partie. 2 p. Rares.

248 — Tête d'homme avec bonnet coupé (320).

249 — Homme à moustache relevée et assis, 1630. (321).

250 — La grande Mariée juive (340). Belle épr. du *Cabinet de M. H. de la Salle.*

251 — Jeune Fille avec un panier (356).

252 — Études de trois têtes de femmes (367).

RICHOMME (Joseph-Théodore).

253 — Sainte Famille, d'après le tableau de Raphaël au Musée impérial du Louvre. Belle épr. avant la lettre, les mots *peint par Raphaël* et dessiné et gravé par *J.-Th. Richomme.*

RODERMONT. *Bartsch,* vol. 2 de l'Œuvre de Rembrandt.

254 — Jean Second, poëte latin (70). Belle épr., d'un morceau que Bartsch dit très-rare.

ROTA (Martin). *Bartsch*, vol. 16, p. 243.

255 — Le Jugement dernier, dédié à Rudolphe II (29). *Martin Rota*, 1576. Très-belle épr. d'une pièce rare d'après le Titien. *Collect. Pierre Mariette, en 1672; duc de Buckingham et Donnadieu.*

ROTARI (Pierre, comte de).

256 — Saint Louis, évêque de Toulouse, d'après le tableau exécuté par l'auteur de la gravure. Très-belle épr. *Collection de M. de la Salle.*

SAINT AUBIN (Augustin de).

257 — Fénelon, archevêque de Cambrai, d'après J. Vivien. Épr. avant la lettre Rare.

SAVART (Pierre).

258 — Louis de Bourbon, prince de Condé, d'après Le Juste. *P. Savart, sculp.*, 1775. Belle épr. avec l'adresse de l'auteur, rue Saint-Antoine.

259 — Rabelais, d'après Sarrabat. *Savart, sculp*, 1777. Belle épr. avec l'adresse de l'auteur, quai Saint-Bernard.

SCHMIDT DE BERLIN (George-Frédéric, dit). (Voyez le Catalogue de l'œuvre de ce maître, publié en 1789.

260 — Pierre Mignard, écuyer, premier peintre du roi, peint par son ami H. Rigaud, en 1691, gravé par Schmidt, pour sa réception à l'Académie en 1744 (59). Superbe épr. avant la petite croix formée de deux traits dans le milieu de la marge du bas. Rare.

261 — Résurrection de la fille de Zaïre, d'après le tableau de Rembrandt. *Schmidt fecit aqua forte*, 1767 (165). Très-belle épr.

262 — La Présentation au temple, d'après le tableau peint par Dietricy, en 1739; gravé par Schmidt, en 1769 (267).

263 — La mère de Rembrandt, d'après Rembrandt, par Schmidt, de Berlin, 1762. Première épr. du *Cabinet de M. Robert Dumesnil.*

264 — Vieillard à barbe blanche, coiffé d'une toque et vêtu d'un manteau brodé. *G. Flinck pinxit* 1642. *Schmidt aqua forti* 1772. Très-belle épr.

SCHUPPEN (Pierre Van).

265 — Bory, fameux chimiste, d'après J. Ovens. Belle et rare épr. avant la lettre et avant les emblèmes dans les médaillons octogone à chaque coin du portrait. Très-rare.

SERICCUS (Philippe).

266 — Sainte-Famille, d'après Michel-Ange, Antoine Laffery. Roma, 1565. Très-belle épreuve de la *Collection W. Esdaille.*

STRANGE (Robert).

267 — Henriette d'Angleterre, femme de Charles Ier, et ses enfants (48). Dessiné et gravé à Londres, en 1784, d'après le tableau de Van Dyck, de la *Collection de la reine d'Angleterre.* Épr. avant toute lettre avec toute sa marge. Rare.

268 — Les Enfants de Charles Ier, roi d'Angleterre : Charles prince de Galle, le duc d'York, et la princesse Marie, d'après le tableau de Van Dyck, au palais de Kensington. (No 49 du catalogue de Strange, par Ch. Le Blanc.) Superbe épreuve d'une des plus jolies estampes de R. Strange. Elle est vierge de marge. Elle provient du *Cabinet de M. de la Salle.*

269 — La même estampe.

SUYDERHOEFF (Jonas).

270 — Swalmius, d'après Rembrandt. Belle épreuve avec l'adresse de *P. Goos excudit,* d'un des plus beaux portraits de Suyderhoeff; elle est sur papier à la folie.

271 — Daniel Heinsius, d'après Merek. Beau portrait; il est rare.

TARDIEU (Alexandre).

272 — Thomas Howard, comte d'Arondel, d'après le tableau de Van Dick, à la galerie d'Orléans. Portrait supérieurement gravé. Très-belle épr. avant la lettre; le titre en lettres anglaises tracées.

TIBALDI (Dominico). *Bartsch,* vol. 18.

273 — La Paix (6). Très-belle épr. du 1er état, avant la retouche, Rare. De la *Collection de M. H. de la Salle.*

TOSCHI (Joseph).

274 — *Lo Spasimo di Sicilia.* Jésus portant sa croix au Calvaire, gravé d'après le tableau de Raphaël à la galerie royale de Madrid. Belle et rare épreuve avant toutes lettres et avant plusieurs contre-tailles dans la terrasse du bas. La marge couverte d'essais de burin.

Elle est sur papier de Chine, avec toute marge. *Collections Debois et Thorel* (1).

VISSCHER (Corneille).

275 — Guillaume de Ryck, représenté à l'âge de quarante-cinq ans, en 1645. Belle épreuve d'un portrait très-rare.

276 — Gellius Bouma, ministre de l'Évangile. Très-belle épr. Pièce capitale du maître.

277 — Pierre Scriverius de Harlem. *P. Soutman pingebat et excudebat Harlemi*, 1649. *Corn. Vischer sculpsit*. Belle épr.

WATERLOO (Antoine). *Bartsch*, vol. 2, p. 1.

278 — Le Voyageur près du bois (53). Première épr. avant des tailles rentrées au burin, sur l'ombre à la gauche du devant ; elle est sur papier à la folie. Rare.

279 — Le Voyageur et son chien (60). Ancienne épr.

280 — L'allée au bois (62). Belle.

281 — Alphée et Aréthuse (125). Belle épr. sur papier à la folie.

282 — Pan et Syrinx (128). Très-belle épr. sur papier à la folie.

WIERIX (Jérôme).

283 — Portrait de .....; il est à mi-corps tenant ses gants de la main gauche, la droite sur sa

---

(1) Cette épreuve fut vendue à la vente de la collection Debois, en 1845, au prix de 1,050 fr., et plus 5 p. 100.

hanche. Belle épr., mais la tablette où se trouve le nom manque.

WILLE (Jean-George).

284 — Les Musiciens ambulants, d'après le tableau de Dietricy. Très-belle épr. avant la lettre, seulement les armes. Rare.

WOOLLET (Villiam).

285 — Portrait de Rubens, d'après Van Dyck. Épr. avant la lettre. Rare.

286 — Quarante vignettes pour les Fables de La Motte, dessinées par Gillot, Coypel, Ranc, etc. ; gravé à l'eau-forte et au burin, par *Gillot, N. Tardieu et Édelinck. Collection Van den Zande.*

287 — Fac-simile de dessins de Raphaël, du Musée impérial du Louvre. Quatre pièces gravées par Dun, Rosolle et Butavand. Publié par la calcographie du Musée.

288 — Les articles omis.

Renou et Maulde, imprimeurs de la Compagnie des Commissaires-Priseurs, rue de Rivoli, 144. 7619

www.ingramcontent.com/pod-product-compliance
Ingram Content Group UK Ltd.
Pitfield, Milton Keynes, MK11 3LW, UK
UKHW020422220726
13923UKWH00005B/2111